<u>PUESTO DE TRABAJO
ANALIZADO:</u>

CELADOR

DE

FARMACIA

<u>EMPRESA:</u>

CENTRO HOSPITALARIO MEDICO QUIRÚRGICO JAEN

CELADOR DE FARMACIA
ANALISIS DEL PUESTO DE TRABAJO

Autoras:

Ana redondo crespo
María de los Ángeles tejado alamillo
Blanca Rodríguez Ortuño

ISBN 978-1-4716-2028-7

Índice

INTRODUCCION Y METODOLOGIA

El puesto de trabajo que se analiza en el presente estudio se encuentra cubierto por celadores. Son, por ello, empleados públicos sujetos a un régimen administrativo y que, como tales, acceden a la función pública mediante una bolsa de trabajo o concurso oposición en la que se compite con otros aspirantes, basado en los principios de igualdad , merito y capacidad, una vez aprobada las oposiciones.

Son por ello los trabajadores que, estando en posesión del Certificado de Escolaridad, o equivalente (con categoría profesional reconocida en ordenanza laboral o convenio colectivo), realizan las funciones previstas en el punto 2 del artículo 14 del Estatuto del Personal no Sanitario y al servicio de las Instituciones Sanitarias de la Seguridad Social.

El puesto de trabajo analizado se encuentra inserto dentro de la Relación de Puestos de Trabajo del Servicio Andaluz de Salud. Hay que señalar que es un puesto que existe en la totalidad de Centros sanitarios de Andalucía.

Al igual que el resto de puestos obtenidos por concurso- oposición, una vez obtenido su titular solo puede ser cesado en el mismo mediante la apertura de un expediente contradictorio que ponga de manifiesto una incapacidad sobrevenida para su desempeño, o bien mediante la imposición de una sanción disciplinaria por comisión de falta muy grave que suponga el traslado a otro Centro sanitario o la pérdida de su condición de funcionario.

Por otro lado diremos que El Servicio de Farmacia de un hospital es un Servicio General Clínico, integrado funcional y jerárquicamente en el hospital. De acuerdo a la legislación vigente, sobre regulación de los servicios farmacéuticos de hospitales, Ley de Hospitales de 21 de Julio de 1962, Orden de 1 de Febrero de 1977 (B.O.E. 19 de febrero de 1977), y a la Ley del Medicamento 25/1990, de 20 de diciembre (B.O.E. número 306, 22 de diciembre de 1990), tiene los siguientes objetivos:

1) – Garantizar y asumir la responsabilidad técnica de la adquisición, calidad, correcta conservación, cobertura de las necesidades, custodia, preparación de fórmulas magistrales o preparados oficiales y dispensación de los medicamentos precisos, incluidos en la guía farmacoterapéutica del hospital.

4

2) – Establecer un sistema eficaz y seguro de dispensación de los medicamentos.

3) – Formar parte de la Comisión de Farmacia y Terapéutica del hospital, y en el marco de la misma, participar en la selección de los medicamentos a incluir y su empleo; e igualmente de las especialidades que deben ser excluidas del petitorio.

4) – Formar parte de todas aquellas comisiones en las que sus conocimientos puedan ser útiles.

5) – Establecer un sistema de información de medicamentosa pacientes y personal sanitario.

6) – Llevar a cabo actividades educativas sobre cuestiones de su competencia dirigidas a personal sanitario y a pacientes.

7) – Efectuar trabajos de investigación propios o en colaboración con otras unidades o servicios y participar en los ensayos clínicos con medicamentos.

8) – Realizar la dispensación ambulatoria a aquellos pacientes que lo precisen, de acuerdo a la legislación vigente establecida.

9) – Establecer un sistema de farmacovigilancia dentro del hospital que permita la detección precoz defectos secundarios y/o reacciones adversas importantes.

10) – Planificación de estudios de utilización de medicamentos.

11) – Llevar a cabo actividades de farmacocinética clínica.

12) – Colaboración en programas educacionales y de formación con otras estructura sanitarias de la zona: atención primaria, atención especializada, colegios profesionales.

13) – Puesta en marcha de unidades centralizadas de mezclas intravenosas para la preparación, correcta conservación, seguimiento y dispensación de medicamentos de administración intravenosa.

14) – Integración en los equipos multidisciplinares de prescripción seguimiento de nutriciones parenterales creados en el hospital.

15) – Creación de unidades centralizadas de preparación, correcta conservación, seguimiento y dispensación de medicamentos citostáticos.

16) – Llevar a cabo cuantas funciones puedan redundar en mejor uso y control de los medicamentos.

De acuerdo a estas funciones, vemos cómo las actividades farmacéuticas son de tipo asistencial, administrativo, tecnológico y científico. Como analizaremos en los siguientes apartados de este capítulo, cada una de estas funciones va a generar unos requerimientos y necesidades de localización, superficie, mobiliario, utillaje, de personal y organizativo, que trataremos de evaluar.

El objetivo es contribuir al uso racional de los medicamentos desarrollando una atención farmacéutica eficiente, oportuna, segura e informada, brindada a través de un conjunto de servicios farmacéuticos que forman parte de la atención a los pacientes del establecimiento y a su comunidad.

Los hospitales son estructuras arquitectónicas que perduran en el tiempo y que suelen sufrir numerosas reestructuraciones internas, antes de que se tome la decisión del final de su andadura y apertura de un nuevo centro. A lo largo de los años de desarrollo de nuestra actividad profesional es difícil vivir la situación mencionada anteriormente, es más, habitualmente nuestra actividad sanitaria la acabamos en el mismo hospital en el cual la empezamos.

Afortunadamente, en los últimos años, la farmacia hospitalaria ha cambiado de manera vertiginosa su concepto y desarrollo profesional. Hemos pasado de ser gestores de la adquisición, preparación y dispensación de medicamentos, desarrollando nuestra actividad en hospitales donde pocas personas nos ubicaban, a ir ampliando nuestros horizontes y prestaciones internas y externas al hospital. Hacemos dispensación, seguimiento e información de medicamentos a pacientes atendidos ambulatoriamente; la dispensación a pacientes ingresados es a través de sistemas de unidosis; tenemos una intervención activa y compartida en la prescripción farmacológica; se han puesto en marcha unidades centralizadas de citostáticos y/o mezclas de administración endovenosa; información de medicamentos activa y pasiva a todo el personal sanitario a pacientes que la soliciten. Todo ello, sin descuidar nuestro papel en la selección, adquisición, conservación y dispensación de los medicamentos.

Hoy día, es difícil, que cuando preguntan a alguien por el Servicio de Farmacia en el hospital no sepan dónde se encuentra.

Este cambio profundo, necesario y positivo, ha supuesto una reorganización de las dependencias del Servicio de Farmacia y una nueva planificación de las estructuras existentes más en consonancia con nuestra actividad. Si el hospital es de nueva creación, nuestra labor es más fácil, no obstante, lo que trataremos en el capítulo es expresar todo con detalle tras haber analizado minuciosamente el puesto de trabajo del celador en los servicios de farmacia hospitalaria, ya sean de nueva apertura o de reestructuración de los existentes. Esta información, luego debe ser procesada, evaluada y, lógicamente adaptada a nuestro entorno, medios e idiosincrasia.

Metodología aplicada

Para el análisis de este puesto de trabajo se han utilizado dos técnicas:

a) **La realización de dos entrevistas a otros tantos ocupantes del puesto**. Para ello se ha utilizado un guión de entrevista que ha permitido unificar, en los dos casos, los aspectos sobre los que se han pronunciado los titulares del puesto. En el "Anexo I: Entrevistas realizadas", se recogen las fechas de realización de las mismas, el guión utilizado, las diferentes características de los entrevistados, unas acotaciones a las entrevistas realizadas y las notas tomadas durante su realización.

b) **La observación llevada a cabo por el analista**. Esta observación se ha realizado durante un número de jornadas de trabajo que parece suficiente para entender con precisión las características del puesto. Las fechas en que se ha llevado a cabo esta observación, junto con un resumen de la misma y la transcripción literal de las notas tomadas durante su realización se recogen en el "Anexo II: Observación realizada".

De la combinación de ambas técnicas se ha podido realizar un análisis profundo de las distintas características del puesto de trabajo analizado, cuyos datos más relevantes se reflejan en los apartados siguientes del presente informe.

2.- IDENTIFICACION DEL PUESTO

Denominación:
Celador de Farmacia

Área en la que se encuentra ubicado:
Farmacia del Hospital Médico Quirúrgico Jaén

Número de personas que realizan ese puesto:
4

Puesto del que depende:
Supervisora de Farmacia o Director de la unidad

3.- CARACTERISTICAS GENERALES

3.1 Características legales
El puesto de trabajo puede ser ocupado, de forma indistinta, Por:

A) Personal estatutario fijo: que desempeña sus servicios con carácter permanente, tras la superación de un proceso selectivo y su nombramiento correspondiente.

B) Personal estatutario temporal: nombrado por razones de necesidad, de urgencia o para el desarrollo de programas de carácter temporal, coyuntural o extraordinario.

C) promoción interna del personal estatutario fijo

No se requiere, como condición "sine qua non" la posesión de una formación específica ni la acreditación de una experiencia determinada. Ahora bien, en la forma de provisión de este puesto tanto la formación como la experiencia son tenidas en cuenta de forma fundamental. De igual forma la antigüedad del trabajador, lo que supone, en cierta manera, la posesión de una determinada experiencia.

3.2 Características económicas

- El titular de dicho puesto pertenece al grupo E. nivel 14. Por lo tanto estos son los conceptos retributivos.

Sueldo:	548,47.- €
Complemento de Destino:	317,85.- €
Complemento Específico:	320,05.- €
Trienios	17,90.- €

Todo lo anterior menos las deducciones, conforma unas retribuciones anuales que oscilan entre **15.273,58.- €.** Aprox.

3.3 Características sociales

- El puesto de trabajo implica relaciones con:

    a) *Director de la unidad.* Es la máxima autoridad de la sección de farmacia, la relación con esta persona es puntual.

    b) *Coordinador.* Es la máxima autoridad de la farmacia, de aquí parten las ordenes y control general con el resto del personal.

    c) *Técnicos de farmacia.* La relación es la misma que se tiene con Auxiliares de farmacia

    c) *Auxiliares de farmacia.* Se mantiene un nivel de relación muy estrecho, sobre todo porque continuamente necesitamos unos de la colaboración de los otros, para que el trabajo se agilice.
    d) *Enfermeras.* Es una relación esporádica.
    e) *Jefe de sección.* La relación no llegando a ser demasiado estrecha si hay un control sobre el personal y de organización, etc.

f) _Farmacéuticos._ La relación que se mantiene con ellos es muy puntual y se deriva de aspectos relacionados con la seguridad de las mercancías y la demanda de información requerida de ellos, y el control de tratamientos especiales.

g) _Administrativos._ El contacto deviene de la recepción del material, tras el cual se entregaran los albaranes para que los contabilicen.

h) _Otros compañeros celadores._ El contacto es, en este caso, muy estrecho. Las relaciones con ellos son constantes y revisten un carácter muy variado. El nivel de comunicación requerido es muy alto.

i) _Operarios del exteriore_s una relación esporádica y de control sobre las personas que, perteneciendo a una empresa ajena al Centro, llevan a cabo alguna tarea puntual en el mismo. Son múltiples las personas que desempeñando funciones varias, realizan una labor de colaboración en el centro.

3.4 Características ambientales

♦ Espacio. El habitáculo donde se ubica la farmacia es cuadrado de unos 380 m cuadrados aprox. formado por distintas dependencias como son; Almacén General, Atención Farmacéutica, Unidad de Quimio, Dispensación Dosis Unitarias, Nutrición Enteral, Dispensación Torno, Citostáticos, Jefe Bloque, Reenvasado, Consultas Pacientes Externos, Unidad Farmacéutica, Farmacotecnia, Jefe Servicio, Administrativos, Zona Estéril Nutriciones y Citostáticos, C.I.N. no siendo demasiado espaciosa sobre todo la zona de almacén general de farmacia, donde se desarrolla básicamente nuestra actividad este habitáculo tiene unos 30 m. cuadrados. Las paredes se encuentran en un estado regular de pintura y limpieza, el suelo tienen aspecto de suciedad producto de un desgaste pronunciado.

♦ Ventilación. tiene ventanas al exterior, amplias pero no lo suficiente para todo el habitáculo, además existen otras dependencias pequeñas que no tienen ventana alguna.
Existe poca ventilación.

♦ Iluminación. La iluminación natural no es suficiente, por lo que se complementa con luz artificial.

♦ Temperatura. La existencia de aire acondicionado no es suficiente para mantener una temperatura adecuada tanto en invierno como en verano, y se hace necesario porque la mayoría de los productos necesariamente han de tener una temperatura más bien fresca sobre todo en verano y por supuesto en invierno, por lo que en algunas ocasiones se ha tenido que recurrir a unos ventiladores portátiles para que la temperatura en determinadas zonas no fuese excesiva. Ni que decir tiene que los medicamentos que han de estar a muy bajas temperaturas se encuentren en cámaras frigoríficas adecuadas para tal fin.

- ◆ Ruido. El nivel de ruido es aceptable.

3.5 Características tecnológicas

El lugar físico de desempeño del puesto de trabajo se encuentra en la farmacia del centro Planta 2° del H.M.Q. Describiremos específicamente el almacén general dentro de la farmacia. La mesa de trabajo es antigua, con dos cajones a ambos lados sobre ella hay un ordenador e infinidad de papeles en su extremo derecho se encuentra dentro de una carpeta las hojas albaranes para comprobar la recepción de los pedidos que los proveedores suministran a la farmacia En el suelo debajo de la mesa y a los lados hay cajas de material,. Es un espacio pequeño con dos sillones de oficina algo deteriorados y un taburete, el espacio es más bien reducido y cuando llegan los pallet de pedidos se hace difícil la movilidad para trabajar la falta de espacio hace que los movimientos sean torpes y se facilite la caída. También existe el peligro al tener que apilar las cajas de posibles caídas de estas sobre los trabajadores con las posibles consecuencias que ello comportaría. La mercancía recibida se irá desembalando y colocando sobre un carro para su posterior colocación en las estanterías del almacén. Hay que tener especial cuidado pues a todo esto hay que colocar mercancías en la parte alta de la estantería con lo que se tiene que utilizar una escalera portátil.

4-MEDICAMENTOS: ORIGEN, CLASES Y CONSTITUYENTES

1.-ORIGEN DE LOS MEDICAMENTOS

2.-CLASES DE MEDICAMENTOS RECONOCIDOS POR LA LEY
- Preparados oficinales
- Fórmulas magistrales
- Especialidades farmacéuticas

3.-CONSTITUYENTES   DE   LOS
MEDICAMENTOS
   3.1. Principios activos

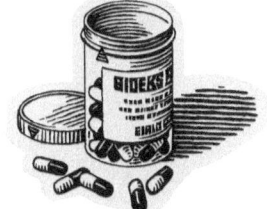

1.-ORIGEN DE LOS MEDICAMENTOS

Los medicamentos podemos agruparlos, según su origen en;

-a) **Procedentes del reino animal**. Como el aceite de hígado de bacalao y los preparados hormonales.

-b) **Procedentes del reino vegetal**: Como las hojas de digital (desecadas), opio (obtenido por simple incisión en el papa ver), áloes (zumo de planta desecada), etc.

-c) **Procedentes del reino mineral**: Como el caolín y el talco.

-d) **Origen semisintético**: Así, por ejemplo, se obtiene la morfina, pero en el laboratorio se introducen ligeras modificaciones en su molécula para tratar de mejorar sus propiedades, y se obtienen derivados del tipo de la *etilmorfina* o *dioxina,* que es mucho más manejable como antitusígeno.

-e) **Origen sintético:** El fármaco se obtiene a partir de una materia prima que, mediante unas transformaciones químicas, dan como resultado principios activos.

-f) **Ingeniería genética**: Se aplican los conocimientos de genética a la tecnología farmacéutica. El primer medicamento obtenido por esta técnica fue la insulina, al que siguieron otros como la hormona del crecimiento, vacunas, interferimos, anticuerpos monoclonales, etc.

2.- CLASES DE MEDICAMENTOS RECONOCIDOS POR LA LEY

Los medicamentos, desde el punto de vista de la prescripción, se clasifican en:

2.1. Preparados Oficinales

Están inscritos en la Farmacopea Española y, obligatoriamente, el farmacéutico debe tener en su farmacia.

Son los siguientes:

- *Drogas o medicamentos en bruto:* Se presentan tal y como se ofrecen en la naturaleza o tras sufrir sencillas operaciones de preparación (tales como desecación, incisión, etc.)
- *Productos químicos puros:* Codeína, isoniacida, fenacetina, etc.
- *Preparados galénicos:* tintura de belladona, etc.

2.2 Fórmulas magistrales:

- Se trata de fórmulas no inscritas en la Farmacopea y que están propuestas por el médico "a medida" para un sólo paciente. Se emplean mucho todavía en dermatología y las enfermedades del aparato respiratorio

2.3. Especialidades farmacéuticas

Estas especialidades farmacéuticas se clasifican hoy en día en cuatro grandes grupos:

1- **Originales**: Son fármacos registrados y comercializados por un laboratorio innovador que realizó, en su momento, los esfuerzos de investigación y desarrollo (I+D) necesarios para el descubrimiento de una determinada molécula. En la actualidad existe una patente que compensa el esfuerzo económico desarrollado por el laboratorio innovador y, durante el tiempo que persisten esos derechos, este laboratorio goza de total monopolio en toda su comercialización.

2- **Licencias**: Se trata de aquellos medicamentos originales fabricados por laboratorios distintos de los que poseen los derechos de patente, pero que lo hacen acogiéndose a una licencia de éstos.

3- **Copias**: Son medicamentos originales fabricados y comercializados por laboratorios distintos de los que descubrieron y comercializaron inicialmente el fármaco original, pero que lo hacen cuando no existe o está caducada la patente correspondiente.

4- **Especialidades farmacéuticas genéricas** (E.F.G): Es la especialidad con la misma forma farmacéutica e igual composición cualitativa y cuantitativa en principio activo o fármaco que otra especialidad de referencia, cuya eficacia y seguridad esté suficientemente establecida por su continuo uso clínico.

3.-CONSTITUYENTES DE LOS MEDICAMENTOS

Generalmente, todo medicamento (salvo las drogas y los productos químicos puros), consta de uno o varios *principios activos* y una serie de *excipientes*.

3-1 El principio Activo de un medicamento.

Es la sustancia responsable de la propiedad medicinal de ese medicamento, ya sea droga (la digitoxina es el principio activo del polvo de hojas de digital), *preparado galénico* (la atropina es el principio activo de la tintura de belladona), *fórmula magistral* (el sulfato de codeína es el principio activo de una de tantas preparaciones magistrales) o *especialidad farmacéutica patentada* (El Ácido Acetil Salicílico -A.A.S- es el principio activo de la Aspirina).

3-2 Principios activos de origen vegetal más frecuentes

Los principios activos más numerosos son los obtenidos sintéticamente y los procedentes de las drogas vegetales. Aunque los principios activos de los medicamentos hemos comprobado que tienen distinto origen (animal, vegetal, mineral, semisintético y sintético), De estos últimos, los vegetales, veremos los más importantes, cuales son:

1-*Glicósidos o glucósidos:* Forman un grupo de compuestos orgánicos presentes en las plantas y con carácter neutro. Cuando se hidrolizan* se descomponen en aglicona o genina (responsable de la actividad farmacológica) y monosacáridos* (glucosa, fructosa, etc.).

2-*Alcaloides:* Son sustancias nitrogenadas de carácter básico y, por lo general, salvo algunas excepciones, muy tóxicas. Son poco solubles en agua y con los ácidos forman sales solubles en agua. Son muy abundantes en el reino vegetal

3-*Gomas:* Son sustancias orgánicas que se encuentran en las plantas, resultantes de la polimerización* de la arabinosa*, que al disolverse en agua las forman soluciones coloidales* y que tienen poder de relajar y ablandar las partes inflamadas. Las más importantes son la de acacia y el tragacanto.

4-*Taninos:* Son sustancias que se encuentran en las plantas. Son derivados del ácido gálico, que existe de manera natural en muchas plantas. Tienen, todos ellos, un gran poder astringente*.

5-*Resinas:* Son sustancias orgánicas presentes en las plantas, que fluyen naturalmente o por incisión de la corteza y frutos de algunos árboles, insolubles en agua y muy solubles en alcohol. Las más importantes son la jalapa, trementina, bálsamo del Canadá, etc.

6-*Aceites esenciales:* Son sustancias que se obtienen por destilación de las partes de las plantas que los contienen con agua hirviendo. Tienen un olor muy característico, son muy inflamables e insolubles en agua. Los aceites esenciales más interesantes son el mentol, eucalipto, etc.

7-*Ceras:* Aunque también pueden obtenerse otras ceras de origen animal (abeja), las vegetales son éteres* de ácidos grasos de elevado peso molecular con alcoholes de gran número de carbonos. Son muy estables e insolubles en agua.

3.3 Nomenclatura de los principios activos

Los principios activos o fármacos pueden tener los siguientes nombres:

1. *Nombre químico*

* Es necesario considerar que un fármaco es, ante todo, una sustancia química y que, por tanto, su primer nombre es químico. Aún estando los nombres químicos sometidos a convenios internacionales (IUPAC*), igualmente pueden sufrir las influencias derivadas de los hábitos de un determinado país. Para evitar esto, los nombres químicos de los fármacos están controlados y oficializados como *prime names* (primer nombre, en ingles) por la Organización Mundial de la Salud (OMS).

2. *Código de laboratorio*

* Puesto que ya hemos visto que el uso del nombre químico es muchas veces complicado y muy largo, y no sería posible usarlo en el lenguaje común, cada nuevo fármaco recibe en el momento de su descubrimiento un nombre provisional llamado **código de laboratorio**.
* Este código es, generalmente, una inicial alfanumérica cuya parte numérica, con frecuencia, está relacionada con la empresa farmacéutica o el instituto de investigación donde se ha realizado el descubrimiento.
* Los códigos de laboratorio no tienen ningún carácter oficial puede suceder que diferentes empresas adopten una misma inicial alfanumérica

3. *Nombre genérico, oficial o denominación común internacional (DCI)*

* Hacia el final de la vida experimental de un nuevo fármaco el código laboratorio se sustituye por un nombre *oficial* llamado *Denominación Come Internacional* (DCI) o *International Propietary Name* (INN) en inglés.
* La DCI o, más sencillamente, el **nombre genérico** es elaborado por la empresa que ha producido el fármaco y este nombre no se da por casualidad, si que debe estar construido siguiendo unas reglas que pongan en evidencia alguna peculiaridad de la estructura química del fármaco y, con frecuencia, actividad farmacológica*.
* El nombre genérico propuesto a la OMS puede por una empresa para un determinado fármaco suyo puede ser rechazado o aceptado:

—Aprobado: Este nombre se publica en una lista especial de *proposed INN (prINN)* que aparece en el Boletín Oficial *WOH Chronicle*. Si después de 4 meses de la publicación no llega ninguna reclamación de otra empresa a la OMS, el mismo nombre se publica en la Lista de Denominaciones Comunes Internacionales recomendadas

—Rechazado: Se invita a la empresa a formularlo de nuevo.

4. Denominación Común Española (DCE) o Denominación Oficial Española (DOE)

- La primera publicación de la Denominación Común Internacional se realiza en lengua latina y al mismo tiempo o posteriormente, en las otras siete lenguas adoptadas oficialmente por la OMS (francés, inglés, español, etc.).

- Finalmente, las administraciones sanitarias de los diferentes países se encargan de la traducción a su propia lengua y las oficializan; así se crean la Denominación Común Italiana (DCIT), la española (DCE o DOE), la inglesa (British Adopted Name, BAN) etc.

5. Nombre registrado o nombre comercial

- El nombre de una especialidad farmacéutica es una marca registrada propiedad de la empresa que lo comercializa y produce, y se refiere no ya al fármaco (o principio activo), sino a la fórmula específica que lo contiene (o sea, el complejo formado por el fármaco y los distintos excipientes en determinadas proporciones, lo que conocemos como medicamento). Se comprende, por ello, que el nombre genérico del fármaco y el de la especialidad se refieren a cosas distintas y no deben ser confundidos el uno (fármaco o principio activo) con el otro (principio activo más excipientes, es decir, un medicamento que está desarrollado por una empresa farmacéutica).

- Si, un principio activo o un mismo fármaco o lo usa más de un laboratorio farmacéutico para elaborar una especialidad, cada laboratorio dará un nombre concreto a su especialidad, de tal manera que no pueda confundirse con la de otro laboratorio

3.2. Los excipientes o coadyuvantes

- Son aquellas sustancias que se añaden alilos principios activos que van en una determinada forma farmacéutica para, entre otras cosas, facilita su preparación, su estabilidad, modificar las propiedades físico-químicas de principio activo o su biodisponibilidad

3.2.1. Tipos de excipientes
* Aunque cada tipo de formas farmacéuticas tienen sus propios excipiente o coadyuvantes, existen unos grupos generales de estos que son muy usado por distintas formas farmacéuticas, y que son, entre otros, los siguientes:
* *Diluyentes:* Ayudan a completar la diferencia de volumen que existe entre lo ocupado por el principio activo y el volumen de la forma farmacéutica (generalmente cápsulas gelatinosas). Por ejemplo: lactosa, almidón, sacarosa en polvo y el lnos1tol
* *Humectantes o agentes tensioactivos:* Aumentan la solubilidad del principio activo. Por ejemplo: Lauril sulfato sódico, Tween 80R, monoesterato de polietilenglicol, etc.
* *Lubricantes:* Incrementan la fluidez del polvo y facilitan la elaboración más sencilla de determinadas formas farmacéuticas, tales como las cápsulas gelatinosas. Por ejemplo: talco, estearato magnésico, etc.
* *Adsorbentes:* Ayudan a encapsular sustancias liquidas o semilíquida Por ejemplo: talco, caolín, etc.

* *Conservantes o antisépticos:* Se usan para asegurar la ausencia de microorganismos en las soluciones inyectables u oftálmicas Por ejemplo: clorobutanol, timerosal, cloruro de fenil mercurio, etc.
* *Antioxidantes:* Previenen la oxidación de ciertos principios activos que se oxidan fácilmente. Sirven, al igual que el caso anterior, tanto para las soluciones inyectables como oftálmicas Se usan por ejemplo bisulfito sodio, sulfito sódico, ácido ascórbico etc.
* *Agentes secuestrantes o quelantes:* Bloquean determinados iones q favorecen reacciones de oxidación Igualmente se usan para las soluciones inyectables u oftálmicas. El más usado es el E.D.T.A. (etilén di mino tetracetico)
* *Anestésicos locales* Disminuyen el dolor que produce al ser inyectado una solucion parenteral en una zona determinada. Entre los más usados tenemos alcohol bencílico, clorhidrato de piperocaina, clorhidrato de procaina, etc.
* *Tampones o buffers:* Estabilizan las soluciones inyectables u oftálmicas contra la degradación química que ocurriría si el PH se alterara. Los más empleados son: las sales de ácidos débiles (citrato, acetato y fosfato).
* *Agentes de difusión:* Sirven para facilitar la aplicación subcutánea de soluciones, ya que son enzimas* que "rompen" el

tejido conjuntivo para que se absorba mejor el principio activo. Los más usados son la hialuronidasa y las tiónicas.

- **Isotonizantes:** Se emplean para que la concentración salina en las soluciones inyectables u oftalmológicas sea igual a la de la sangre. El más usado es el cloruro sódico (ClNa).
- **Vehículos:** Puesto que la mayor parte de los inyectables están muy diluidos, el vehículo es el componente que se encuentra en mayor proporción. Éste debe cumplir una serie de exigencias, tales como que no debe ser tóxico ni irritante, su viscosidad no debe dificultar su manejo, su punto de ebullición ha de ser lo suficientemente elevado para resistir las temperaturas de esterilización y debe ser preferentemente soluble en agua. Aunque el vehículo más empleado en las preparaciones parenterales es el agua, que ha de ser bidestilada* y apirógena*, existen también otros vehículos, tales como líquidos miscibles en agua, líquidos oleosos (aceites de origen vegetal) y vehículos no acuosos miscibles en agua (alcohol etílico, propilenglicol, etc.).

REAL DECRETO 2236/1993, DE17 DE DICIEMBRE, POR EL QUE SE REGULA EL ETIQUETADO Y PROSPECTO DE LOS MEDICAMENTOS DE USO HUMANO *(BOE núm. 42, de 18 febrero)*

5-CONTENIDO DEL ETIQUETADO DE LAS ESPECIALIDADES FARMACÉUTICAS Y DEMÁS MEDICAMENTOS QUE SE FABRICAN INDUSTRIALMENTE

5.1. INFORMACIÓN QUE DEBE INCLUIRSE EN EL EMBALAJE EXTERIOR

1). Denominación del medicamento, seguida de la Denominación Oficial Española, la Denominación Común Internacional o, en su defecto, su denominación común o científica cuando el medicamento no contenga más que un único principio activo y su denominación sea un nombre de fantasía; en caso de existir varias formas farmacéuticas y/o varias dosificaciones del mismo medicamento, en la denominación del medicamento deberán figurar la forma farmacéutica y/o la dosificación (en caso necesario, lactantes, niños, adultos).
Como norma general las denominaciones de los medicamentos no contendrán abreviaturas ni siglas. No obstante, la Dirección General de Farmacia y Productos Sanitarios podrá, por razones de salud pública y a petición del solicitante, autorizar su inclusión.
2). La denominación con la que se comercializa el medicamento se podrá imprimir en

«Braille».

3). Composición cualitativa y cuantitativa, en principios activos por unidad de administración o, según la forma de administración para un volumen o peso, utilizando las Denominaciones Comunes Españolas o las Denominaciones Comunes Internacionales, o, en su defecto, su denominación común o Científica.

4). Forma farmacéutica y contenido en peso, volumen o unidades de administración.

5). Relación cuantitativa de los excipientes que tengan acción o efecto conocidos. Además deberán indicarse de manera cualitativa todos los excipientes cuando se trate de un producto inyectable, de una preparación tópica o de un colirio.

6). Forma de administración y, si fuere necesario, la vía de administración.

7). Advertencia: «Manténgase fuera del alcance de los niños».

8). Advertencias especiales, cuando el medicamento las requiera.

9). Fecha de caducidad expresada claramente (mes y año).

10). Precauciones particulares de conservación, en su caso. Los medicamentos que sean de preparación extemporánea indicarán el tiempo de validez de la preparación reconstituida e incluirán un recuadro para su consignación por los usuarios.

11). Precauciones especiales de eliminación de los productos no utilizados o de los residuos derivados de estos productos, en su caso.

12). Nombre y dirección del titular de la autorización del medicamento.

13). Código Nacional de Medicamentos.

14). Identificación del lote de fabricación.

15). Para las especialidades farmacéuticas publicitarias, la indicación de uso.

16). Precio de venta al público impuestos incluidos.

17). Condiciones de prescripción y dispensación.

18). Cupón precinto para su reembolso por el Sistema Nacional de Salud, cuando proceda.

19). Símbolos descritos en el Anexo II.

5.2 INFORMACIÓN QUE DEBE INCLUIRSE EN EL ACONDICIONAMIENTO PRIMARIO

1. Los acondicionamientos primarios que se presenten sin embalaje exterior habrán de incluir las informaciones recogidas en el apartado I del Anexo I.

2. Los acondicionamientos primarios distintos de los que se mencionan en los párrafos 3y 4 de este apartado habrán de incluir las informaciones

recogidas en el apartado I del Anexo I, excepto las correspondientes a los párrafos 16, 17 y 18.

3. Cuando el acondicionamiento primario contenido en un embalaje exterior sea tan pequeño que no permita la inclusión de los datos previstos en el apartado I del Anexo I, deberá llevar como mínimo la información siguiente:

    a) Denominación del medicamento, tal como se contempla en el párrafo 1 del apartado I.

    b) Fecha de caducidad.

    c) Número de lote de fabricación.

    d) Vía de administración.

    e) Contenido en peso, en volumen o en unidades.

4. Los acondicionamientos primarios de medicamentos presentados enforna de blíster, cuando estén contenidos en un embalaje exterior, incluirán además de las informaciones recogidas en el punto anterior, el nombre del titular de la autorización del medicamento.

5. Información en las ampollas del disolvente:

    a) Identificación del contenido.

    b) Volumen.

    c) Nombre del laboratorio titular.

    d) Número de lote.

    e) Fecha de caducidad.

6-SIMBOLOS

Símbolos, siglas y leyendas que deben aparecer en el etiquetado de los medicamentos según lo dispuesto en el artículo 5 y en el párrafo 19 del anexo I del Real Decreto:

1. Símbolos

2. Siglas:
a) Especialidad farmacéutica publicitaria: EFP.
b) Especialidad de uso hospitalario: H.
c) Especialidad de diagnóstico hospitalario: DH.
d) Especialidad de especial control médico: ECM.
e) Tratamiento de larga duración: TLD.

    Los símbolos y siglas deberán estar situados en el ángulo superior derecho de las dos caras principales del embalaje exterior al lado derecho o debajo del Código Nacional y en el ángulo superior derecho del acondicionamiento primario, en las mismas condiciones.

3. Leyendas:

Los símbolos y siglas previstos en los párrafos 1 y 2 se acompañarán en el embalaje exterior con las siguientes leyendas situadas en lugar bien visible:

20

«Con receta médica».

«Sin receta médica».

Además, si las condiciones de prescripción y dispensación lo requieren se incluirán también las leyendas:

«Uso hospitalario».

«Diagnóstico hospitalario».

«Especial control médico».

4. En medicamentos que se presenten sin embalaje exterior las leyendas se incluirán en el acondicionamiento primario.

5. En el caso de medicamentos extemporáneos multidosis, el recuadro en que el usuario consignará la fecha de reconstitución seguirá el siguiente modelo, que se incluirá tanto en el embalaje exterior como en el acondicionamiento primario, junto al texto que especifica el plazo de validez:

RECONSTITUIDO Día/Mes

CONTENIDO MÍNIMO DEL PROSPECTO DE LAS ESPECIALIDADES FARMACÉUTICAS Y DEMÁS MEDICAMENTOS DE FABRICACIÓN INDUSTRIAL

1. Identificación del medicamento:

a) Denominación del medicamento, seguida de la Denominación Oficial Española, la Denominación Común Internacional o, en su defecto, su denominación común o científica cuando el medicamento no contenga más que un único principio activo y su denominación sea un nombre de fantasía; en caso de existir varias formas farmacéuticas y/o varias dosificaciones del mismo medicamento, en la denominación del medicamento deberá figurar la forma farmacéutica y/o la dosificación (en caso necesario, lactantes, niños, adultos).

b) Composición cualitativa completa (en principios activos y excipientes), así como la composición cuantitativa en principios activos y en excipientes que tengan acción o efecto conocidos, utilizando las Denominaciones Comunes Españolas, las Denominaciones Comunes Internacionales o, en su defecto, su denominación común o científica.

c) Forma farmacéutica y el contenido en peso, en volumen, o en unidad de toma.

d) Categoría farmacoterapéutica, o tipo de actividad, en términos fácilmente comprensibles para el consumidor o usuario.

e) Nombre y dirección del titular de la autorización sanitaria y, en su caso, del fabricante.

2. Indicaciones terapéuticas.

3. Enumeración de las informaciones necesarias previas a la toma del medicamento:

a) Contraindicaciones.

b) Precauciones de empleo adecuadas.

c) Interacciones medicamentosas y otras interacciones (por ejemplo, alcohol, tabaco, alimentos) que puedan afectar a la acción del medicamento.

d) Advertencias especiales. Estas deberán incluirse cuando sea necesario tener en cuenta:

1º Los posibles efectos del tratamiento sobre la capacidad para conducir un vehículo o manipular determinadas máquinas.

2º La situación particular de ciertas categorías de usuarios (niños, mujeres embarazadas o durante la lactancia, ancianos, deportistas, personas con ciertas patologías específicas).

3º Los excipientes que tengan acción o efecto conocidos, cuyo conocimiento sea importante para una utilización eficaz y sin riesgos del medicamento.

4. Instrucciones necesarias y habituales para una buena utilización,

a) Posología.

b) Forma y si fuere necesario, vía de administración.

c) Frecuencia de administración, precisando, si fuere necesario, el momento en que deba o pueda administrarse el medicamento.

d) En caso necesario, cuando la naturaleza del medicamento lo requiera:

e) Duración del tratamiento, cuando tenga que ser limitada.

f) Actitud que deba tomarse en caso de que se haya omitido la administración de una o varias dosis.

g) Indicación, si es necesario, del riesgo de síndrome de abstinencia

h) Medidas que deban tomarse en caso de sobredosis (por ejemplo: síntomas, tratamiento de urgencia).

j) Instrucciones, en caso necesario, para la preparación extemporánea del medicamento con objeto de una correcta administración.

5. Descripción de las reacciones adversas que puedan observarse durante el uso normal del medicamento y, en su caso, medidas que deban adoptarse. Se indicará al consumidor.

Expresamente que debe comunicar a su médico o a su farmacéutico cualquier reacción adversa que no estuviese descrita en el prospecto.

6. Referencia a la fecha de caducidad que figure en el envase, con:

a) Una advertencia para no sobrepasar esta fecha.

b) Si procediere, las precauciones especiales de conservación.

c) En su caso, una advertencia con respecto a ciertos signos visibles de deterioro.

d) Para las preparaciones extemporáneas multidosis, las condiciones de conservación para la suspensión reconstituida y su plazo de validez, ya sea a temperatura ambiente y/o en frigorífico (de 4 a 8 °C).

7. Fecha de la última revisión del prospecto.

8. «Los medicamentos deben mantenerse fuera del alcance de los niños». Deberá de aparecer esta frase al final del texto y separado del mismo.

7-RESPONSABILIDAD

La responsabilidad será únicamente la derivada de las funciones del farmacéutico del Hospital, con la aportación de requerimientos para su buen funcionamiento por parte de la administración sanitaria con

competencia en ordenación farmacéutica, tal como se viene referido en los artículos 82.2 y 83.2.a) de la Ley de Garantías y Uso Racional de los Medicamentos y Productos sanitarios,
teniendo en cuenta las características especiales del gas medicinal del medicamento.

A continuación exponemos el siguiente párrafo explicativo sobre dichos artículos:

Artículo 82. Estructuras de soporte para el uso racional de los medicamentos en los hospitales.

2) Para contribuir al uso racional de los medicamentos las unidades o servicios de Farmacia Hospitalaria realizaran las siguientes funciones:

- Asumir y garantizar la responsabilidad técnica de la adquisición, calidad, custodia correcta conservación, cobertura de las necesidades, preparación de fórmulas magistrales o preparados, dispensación de los medicamentos precisos para la actividades intrahospitalaria y de aquellos otros que sean para tratamientos extra hospitalarios que requieran una particular vigilancia, supervisión y control.
- Establecer un sistema seguro y eficaz de distribución de medicamentos y tomar las medidas para garantizar su correcta administración, custodiar y dispensar los productos en fase de investigación clínica y velar por el cumplimiento de la legislación sobre medicamentos de sustancias psicoactivas o de cualquier otro medicamento que se requiera un control especial.
- Formar parte para las comisiones hospitalarias para las que pueda ser útil sus conocimientos para la evaluación y selección científica de los medicamentos y su empleo.
- Establecer un servicio de información de los medicamentos para todo el personal del hospital un sistema de farmacovigilancia extra hospitalario para todo el personal estudios sistemáticos para la utilización de medicamentos y actividades farmacocinética clínica.
- Llevar a cabo actividades educativas sobre cuestiones de su competencia dirigidas para todo el personal sanitario y a los pacientes.

- Colaborar con las estructuras de atención primaria especializada de la zona en el de desarrollo de las funciones para garantizar el uso racionalizado de los medicamentos en la atención primaria.
- Participar y gestionar la compra de los medicamentos y productos sanitarios del hospital a efectos de asegurar la conciencia de los mismos.
- Realizar cuantas funciones sean necesarias en un mejor uso y control en el consumo de medicamentos.

Artículo 83. Farmacia Hospitalaria

- La administración sanitaria con competencia en ordenación farmacéutica realizaran la vigilancia en la farmacia hospitalaria mediante la ejecución de requerimientos para su buen funcionamiento acorde con las funciones establecidas.

8-OTROS QUE PUEDEN SER; LOS GASES MEDICINALES

En cuanto al gas medicinal en hospitales y de forma particular en el caso de hospitales con mezcladores para obtener aire medicinal nuestra responsabilidad puede ir encaminada a lo que es el Director Tecnico , prestando asesoramiento técnico continuo al departamento de ingeniería o servicio de mantenimiento del hospital.

9-FUNCIONAMIENTO INTERNO

El servicio de farmacia hospitalaria en su funcionamiento interno se ha de centrar en los mismos aspectos que sigue con otros medicamentos, aunque al ser especial ha de tener en cuenta las especificaciones propias del gas medicinal. LA ORGANIZACIÓN FARMACÉUTICA

El sistema sanitario:

Conjunto de recursos, medios organizativos y actuaciones, tanto del sector público como privado con la finalidad de atender las necesidades de la población en materia de salud, universal 100% de la población.
Este sistema está fijado por la **OMS** (organización mundial de la salud).
Está regulada a nivel estatal por **la ley general de sanidad** (1986)
El estado dispone como responsable de la sanidad al **Ministerio de sanidad y consumo** (creado 1981), **áreas de salud** (gestionan los servicios

y prestaciones) que también se dividen en **zonas básicas de salud** (constituyen el territorio de atención primaria a través de los centros de salud).La **dirección general de farmacia y productos sanitarios** se ocupa de la ordenación farmacéutica

10.- DESCRIPCION DEL PUESTO

10.1 Introducción

En todos los Hospitales existirá, dependiendo de la Dirección Médica, un servicio de farmacia, cuyo responsable será un Facultativo Especialista en Farmacia.

Se nos plantea la labor de planificar un Servicio de Farmacia, las etapas o fases que deberíamos seguir pueden ser:

A) Conocimiento funcional del hospital del que se trata, y de la política sanitaria que se pretende implantar a nivel del propio hospital y autonómico. Sería de interés poder visitar centros de referencia que se asemejen al que estamos estudiando y que nos puedan dar una visión de nuestras necesidades, así como captar toda la información que nos pueda ser útil en el proyecto a realizar.

Deberemos conocer:

– Tipo de hospital de que se trata:
- Hospital general de ámbito rural, de distrito o comarcal.
- Hospital general.
- Hospital monográfico.
- Centro socio sanitario.

– Organigrama del hospital.

– Número y clase de servicios (en su inicio y futuros).

– Número de camas (en su inicio y posibles ampliaciones disminuciones en el número).

– Desarrollo informático del hospital.

– Distribución de las estancias hospitalarias.

B) En una segunda fase, analizaríamos la característica que queremos en nuestro Servicio de Farmacia. Para ello, hemos de conocer los siguientes parámetros:

– **Ubicación del Servicio de Farmacia**.

– **Comunicaciones internas y externas**.

– **Objetivos generales del Servicio de Farmacia**.

– **Áreas diferenciadas en que estructuraremos nuestro espacio**.

– **Funciones y trabajos a desarrollar en cada una de las áreas en las que hemos esquematizado nuestro Servicio de Farmacia**.

– **Clasificar el personal con que se ha dotado el Servicio asignación de áreas para el desarrollo de sus tareas**.

– **Mobiliario y utillaje de cada una de las zonas**.

C) Una vez definido y puesto en papel el proyecto, entraríamos en la fase de consensuar el esquema diseñado contados los miembros del Servicio de Farmacia, incluyendo todos los estamentos que forman parte del mismo. Es bueno que esta fase de cierre del proyecto recoja todas aquellas sugerencias que aporten mejoría en nuestras concepciones iniciales y que tenga el visto bueno de la mayoría del servicio.

La ubicación de esta zona viene ya impuesta dentro del organigrama del hospital y no podemos elegir. Una vez que disponemos del área donde se ubicará el Servicio de Farmacia, a la hora de planificarlas diferentes secciones tendremos en cuenta los circuitos de comunicación que se pueden presentar. El Servicio de Farmacia presenta dos tipos de comunicación en el ámbito del hospital, que son externa interna.

Una de las funciones principales de la farmacia es la de disponer de los medicamentos y demás productos galénicos prescritos por los médicos del centro para su posterior dispensación a (las plantas) o unidades de hospitalización y otros servicios para su posterior administración a los pacientes asistidos, pacientes ingresados en el hospital y los ambulatorios etc. según prescripciones medicas.

La dispensación de los medicamentos se hará rellenando una ficha solicitando la petición de medicamentos a farmacia, en ella se tendrá que especificar una serie de datos como son;
Servicio, Planta, Ala, Código, Fecha, Cantidad Solicitada, medicamento, Forma Farmacéutica, Dosis, Código, Cantidad Servida, Firma del Medico y n° de Colegiado. Así como la urgencia del material.

Hoja de petición de medicamentos a farmacia.

Servicio Andaluz de Salud
COMPLEJO HOSPITALARIO DE JAÉN

Hospital Universitario Médico-Quirúrgico

Hoja Petición/Devolución de Productos

Hoja n.º...................................

De Unidad Clínica n.º...a Servicio de Farmacia.

De Servicio de...a Almacén General.

De Servicio de...a Suministros.

CODIGO	DESCRIPCION	CANTIDAD PEDIDA	CANTIDAD SERVIDA

Despachado	Recibido conforme:	Control:	El Peticionario:

Jaén, a.............de...de......................

Importante: Haga una petición para cada clase de productos.

a Farmacia: { - Medicamentos
              - Dietética

a Suministros: { - Material Sanitario (Separando el rotacional del tránsito)
                 - Impresos, Material de escritorio y Mat. informático
                 - Material de limpieza.

11-En la farmacia también se realizan otras actividades.

A) Preparación y dispensación;

- Formulas magistrales.
- Soluciones desinfectantes
- Nutriciones parenterales
- Medicamentos citostáticos
- Material estéril para curas
- Los compuestos consignados en la farmacopea y formularios oficiales del hospital

B) La dispensación de los medicamentos y los demás productos de la farmacia se servirá:

- Por stock, a las unidades de hospitalización y demás servicios.
- Por unidosis

C) Control y dispensación de estupefacientes y psicótropos.

D) Control y dispensación de medicamentos extranjeros.

E) control de botiquines existentes en las unidades de hospitalización y demás servicios del hospital.

F) propuesta de adquisición de determinados medicamentos, material de curas y productos.

G) Envasados y reenvasados en dosis individuales de los medicamentos sólidos y líquidos orales.

H) Establecimiento de sistemas de información para control de con sumos, gastos y costos.

I) Farmacovigilancia (control sobre los efectos de los medicamentos).

J) En general, adquisición, clasificación conservación, control y dispensación de medicamentos y demás productos de uso farmacológico

La Unidosis;

En la actualidad se ha introducido en los hospitales el suministro de medicamentos desde farmacia en unidosis, es decir; en envases individualizados por paciente. La administración de medicamentos se hace previamente solicitándolos desde las unidades de hospitalización(las plantas)por los enfermeros supervisores de cada planta a la farmacia, mediante el documento correspondiente ya especificado anteriormente, donde se recogerá con detalle la medicación diaria recomendada, desde la farmacia se prepara la medicación individualizada de cada paciente en su correspondiente bolsa o envase.

De esta forma evitaremos la existencia de pequeños almacenes de medicamentos en todas las unidades del hospital y se controlara mejor el gasto farmacéutico y se garantiza mejor la prescripción médica a cada paciente.

Los envases de las unidosis se identifican con los datos de cada paciente y se transportan a cada planta del hospital en los, carros de unidosis" por el celador encargado de tal función. Se transporta el carro a última hora de la mañana una vez que se han repuesto los medicamentos, suministrando los fármacos necesarios para el turno de tarde, noche y la mañana siguiente, separados mediante unos compartimentos.
El celador dejara el carro en la planta a cargo de supervisor o enfermero de la planta que tenga asignados esos pacientes.

12-Funciones especificas del Celador

Recepción del material: el celador es el responsable de la recepción de bultos y envases que el proveedor suministra a la farmacia, procederá a la comprobación del material servido que coincida con los albaranes de entrega. En el caso de que exista error o no coincida con lo pedido no debe recepcionarlo y lo pondrá en conocimiento del responsable de la farmacia.

1. *Acondicionamiento del material*: una vez recibido el material el celador lo entregara al personal sanitario para que proceda a su orden y colocación, así como los albaranes que serán entregados a los servicios administrativo para que proceda a su contabilización de entrada al objeto de que se clasifique, ordenen y coloquen en las estanterías del almacén.
2. *Determinados productos*, distintos a los medicamentos como son garrafas de alcohol, suero fisiológico, etc. serán colocados por el celador, lógicamente tras la comprobación de la corrección de pedido siguiendo los mismos trámites ya enunciados en el párrafo anterior.

3. *Transporte del material dentro de la farmacia*: aparte de trasladar los bultos, envases de medicamentos, paquetes u otros productos farmacológicos hasta la zona de clasificación del personal sanitario y de trasportar el

material que el mismo clasifica y
acondiciona el celador se
encarga del movimiento de
bultos y cajas de gran volumen o
peso dentro de la farmacia,
cuando así se le requiera.

*__Distribución   de
medicación y demás productos
galénicos__* a *__las unidades del
Hospital__*: Consiste en transportar
carros con medicamentos o con otros productos (sueros, nutriciones) así
como carritos de unidosis de medicación a las distintas plantas del hospital
lo transportara desde la farmacia lo entregara al personal de enfermería o
supervisor de planta le entregara con ellos un documento de entrega de
pedido para que lo firme, recogerá una copia y la entregara al servicio
administrativo de farmacia. Esta tarea de reparto de los pedidos a las
distintas unidades destinatarias corresponde en unos hospitales al celador
de la farmacia y en otros al celador de cada planta y consultas.

4.   *__Transportes de productos de otras unidades del hospital
hasta la farmacia__*: Existen otros productos que se recepcionan en el
almacén general, deberá ser el celador quien los transporte hasta la
farmacia, de igual manera si existieran varias farmacias dentro del
complejo hospitalario el celador se encargara del traslado del material entre
las mismas.

5.   *__Dispensación de determinado material__:* Aunque la tarea de
dispensación corresponde a otro personal, el celador de farmacia se encarga
normalmente de dispensar los botes de suero o de alcohol, o formulas
magistrales o nutriciones parenterales. En el caso de que alguien, un
médico de UCI solicite la entrega de algún medicamento al celador este
procederá comunicándolo al farmacéutico responsable.

6.   *__Preparación de alcohol__;* La tarea de mezclar el alcohol con el
agua destilada se le suele encomendar al celador El alcohol que se utiliza
en los hospitales, esta rebajado, porque se mezcla con agua destilada,
suministrándose a 70 grados, por ser más conveniente en el uso terapéutico.
Consiste en verter en un depósito un recipiente de alcohol y otro de agua
destilada siempre del mismo contenido y volumen para que se mantenga
siempre en la misma proporción. Ese depósito dispone de un grifo siendo el
celador el encargado de reponer los recipientes vacios que llegan de las
distintas unidades del hospital y siendo por tanto el también el encargado
de repartirlo a todas las unidades.

7.   *Controles e inventarios:* El celador de farmacia debe realizar los recuentos periódicos del material que existe en farmacia, así como los recuentos que se lleven a cabo como inventario general colaborando en ello.

8.   *Vigilancia de medicamentos*: En ningún momento se quedara sola la farmacia, siempre tendrá que haber un celador de recepción y vigilancia.

9.   *Cumplir cuantas tareas*: le encomiende el director o supervisor de farmacia. Las tareas enunciadas nos van a dar una primera aproximación de las funciones reales que en la actualidad conlleva el puesto de celador de farmacia; se está estudiando su traslado a otras dependencias de mayor amplitud y mejores instalaciones ya que ella abastece a todos los centros sanitarios de Jaén y provincia es por ello que se encuentre en fase de revisión

4.2 Enumeración general de las funciones del puesto. Periodicidad y grado de importancia

> A) *Recepción de medicamentos.* Esta función es desarrollada con una frecuencia alta y la importancia de la misma es, asimismo, alta.
> B) *Organización de medicamentos en almacén.* Esta función se desarrolla con una frecuencia muy alta y la importancia de la misma es muy alta.
> C) *Reparto de los pedidos de medicamentos a los distintos servicios del Centro Hospitalario:* Esta función se desarrolla con una frecuencia muy alta y su importancia es, asimismo, muy alta.

4.3 Enumeración de las tareas de cada función

A)   *RECEPCIÓN DE MEDICAMENTOS:*

1.   Comprobación de la última numeración de albaranes del día anterior y recogida de nueva numeración en el departamento de administrativos para recibos y control de paquetes.
2.   Sellado de albaranes para los repartidores.
3.   Controlar que el n° de pedido sea correcto y corresponda al centro hospitalario M.Q.
4.   Contar las unidades que se correspondan con lo recibido.
5.   Firma y Fecha de recepción.

B) *ORGANIZACIÓN DE MEDICAMENTOS EN ALMACEN*

1. Sacar los medicamentos de sus embalajes y colocarlos en las estanterías.
   34
2. Se colocaran respetando el orden alfabético y siguiendo el método FIFO (First In First Out) de forma que las existencias más antiguas sean las primeras en salir del almacén.
3. Primero se comenzara con los medicamentos que vienen en frio para las neveras y posteriormente los demás.
4. Se tendrá especial cuidado con los citostáticos por su alto contenido toxico y se utilizaran para su colocación y manipulación unos guantes especiales.
5. Si vemos huecos en las estanterías los repondremos y si notamos que falta algún producto tomaremos nota comunicándoselo al farmacéutico encargado de ello.

C) *REPARTO DE LOS MEDICAMENTOS A LOS DISTINTOS SERVICIOS DEL CENTRO HOSPITALARIO*

1. A primera hora de la mañana se procederá a los repartos de pedidos de medicamentos que se hayan hecho el día anterior y posteriormente todos los que salgan urgentes, para plantas, quirófanos, urgencias etc.
2. También se repartirán todas las nutriciones parenterales que se hayan hecho el día anterior, para los desayunos luego las de la comida así como las que se vayan haciendo a lo largo de toda la mañana?
3. Reparto de sueros a las distintas estancias de todo el hospital previo pedido.
4. A lo largo de la mañana se recogerán los carros de mono dosis de las distintas plantas del hospital para la reposición de medicamentos y reparto de los mismos.

13-RESUMEN ESENCIAL DEL PUESTO

Se trata de un puesto clave para el funcionamiento correcto de la farmacia del centro. Por las características de sus funciones sirve para enlazar la farmacia con el resto del hospital, a pesar de ser un espacio cerrado de trabajo a través del celador se encuentra abierto a todo el hospital. A través de él se hacen llegar al resto del centro todos los medicamentos necesarios para atender a los pacientes tanto ingresados en el hospital, como hospital de día como pacientes de urgencias como consultas externas, etc.

De ahí el grado de importancia por las múltiples funciones que realiza se encuentra en continuo movimiento por el interior del centro, el resto de los compañeros lo tienen como referente de enlace con el exterior. No es extraño que parte del trabajo que realiza sea en atender miles de peticiones de información puesto que ellos son buenos conocedores de todas las áreas del centro.

Es por ello y por el trabajo que realiza que deba de tener unas cualidades profesionales en las que prime, la paciencia, comprensión, la organización el trato equilibrado y la capacidad de hacerse cargo de las diferentes situaciones que pueda ocurrir en los distintos departamentos.

La responsabilidad es tan grande que se hace necesario ser sumamente organizado y escrupuloso en el transporte de medicamentos. Por ello siempre debe tratar de esforzarse en organizar el trabajo de la manera más eficaz posible.

Para resumir nos encontramos ante un puesto que debe combinar dos funciones de enorme importancia en el centro hospitalario por un lado servir de control y coordinación en el interior de la farmacia, para por otro lado atender la demanda de todo el exterior de ella; el resto del hospital.

DISTRIBUCION GENERAL DE LA FARMACIA

ALMACEN GENERAL ZONA ESTERIL

CAMPANA,

-ATENCION FARMACEUTICA
-ALMACEN

-CITOSTACICOS

-UNIDAD QUIMIO ONCO.3
-UNIDAD FARMACOTECNIA
 DISPENSACION DOSIS UNITARIAS
UNIDAD N.P.Y M.I.V.

-NUTICION ENTERAL

-DISPENSACION DOSIS UNITARIAS
-FARMACOTECNIA

-JEFE BLOQUE

-REENVASADO

-DISPENSACION TORNO
-JEFE SERVICIO

-CONSULTAS PACIENTES EXTERNOS

-ADMINISTRATIVOS
    C.I.M

GUION DE ENTREVISTA

A) - DATOS DE IDENTIFICACION DEL PUESTO

1- EMPRESA
2- DEPARTAMENTO
3- NOMBRE DEL PUESTO
4- PERSONA ENTREVISTADA
5- ANTIGÜEDAD EN EL PUESTO
6- ANTIGÜEDAD EN LA EMPRESA

B) - DATOS SOBRE LA ENTREVISTA

1- ANALISTA
2- FECHA DE REALIZACION

C) - ORGANIGRAMA DEL PUESTO

1- PUESTO DEL QUE DEPENDE
2- PUESTOS QUE DEPENDEN DE EL

D) RESUMEN DEL PUESTO

E) - FUNCIONES BASICAS INCLUIDAS EN EL PUESTO

1- NIVEL DE AUTONOMIA PARA REALIZAR CADA FUNCION
2- IMPORTANCIA PARA LA ORGANIZACIÓN DEL DESEMPEÑO DE CADA FUNCION

F)-TAREAS INCLUIDAS EN CADA FUNCION BASICA

1- DESCRIPCION DE CADA UNA DE LAS TAREAS
2- DURACION DE CADA TAREA
3- FRECUENCIA DE CADA TAREA
4- IMPORTANCIA DE CADA TAREA
5- REPERCUSIONES DEL INCUMPLIMIENTO DE CADA TAREA

G)- RESPONSABILIDADES DEL PUESTO

1- Nº TOTAL DE PERSONAS QUE DEPENDEN ORGANICAMENTE DEL PUESTO
   1.1 NUMERO DE PERSONAS CON MANDO
   1.2 NUMERO DE PERSONAS SIN MANDO

2- NUMERO DE PERSONAS QUE DEPENDEN FUNCIONALMENTE DEL PUESTO
   2.1 NUMERO DE PERSONAS CON MANDO
   2.2 NUMERO DE PERSONAS SIN MANDO

3- SOBRE BIENES

H)- CONOCIMIENTOS EXIGIDOS PARA DESEMPEÑAR EL PUESTO

3.1 FORMACION REGLADA
3.2 EXIGENCIA DE CONOCIMIENTOS ESPECIFICOS
3.3 TIEMPO NECESARIO PARA DESEMPEÑAR ADECUADAMENTE EL PUESTO
3.4 EXPERIENCIA PREVIA

I)-MEDIOS MATERIALES UTILIZADOS EN EL PUESTO DE TRABAJO
1- TIPO DE HERRAMIENTAS
2- FRECUENCIA DE UTILIZACION
3- FUNCIONES Y TAREAS PARA LAS QUE SE EMPLEAN
4- NIVEL DE ESPECIALIZACION PARA SU UTILIZACION

J)- CONSECUENCIAS DEL MAL FUNCIONAMIENTO DEL PUESTO
1- REPERCUSION EN LA ORGANIZACIÓN
2- QUE OCURRE SI EL PUESTO NO SE CUBRE

K- CONDICIONES DE TRABAJO

1- CONDICIONES AMBIENTALES
2- CONDICIONES ERGONOMICAS
3- RELACIONES HUMANAS (INTERNAS Y EXTERNAS)
4- CONDICIONES ECONOMICAS
5- RIESGOS LABORALES

ANEXO 1

ENTREVISTA

REALIZADA

1- FECHAS DE REALIZACION
Los días veinte, veinticuatro y veintiséis de agosto del 2010.

2- GUION UTILIZADO

A) DATOS DE IDENTIFICACION DEL PUESTO

1. EMPRESA
2. DEPARTAMENTO
3. NOMBRE DEL PUESTO
4. PERSONA ENTREVISTADA
5. ANTIGÜEDAD EN EL PUESTO
6. ANTIGÜEDAD EN LA EMPRESA

B) DATOS SOBRE LA ENTREVISTA

1. ANALISTA
2. FECHA DE REALIZACION

C) ORGANIGRAMA DEL PUESTO

1. PUESTO DEL QUE DEPENDE
2. PUESTOS QUE DEPENDEN DE EL

D) RESUMEN DEL PUESTO

E) FUNCIONES BASICAS INCLUIDAS EN EL PUESTO

1. NIVEL DE AUJTONOMIA PARA REALIZAR CADA FUNCION
2. IMPORTANCIA PARA LA ORGANIZACIÓN DEL DESEMPEÑO DE CADA FUNCION

F) TAREAS INCLUIDAS EN CADA FUNCION BASICA

1. DESCRIPCION DE CADA UNA DE LAS TAREAS
2. DURACION DE CADA TAREA
3. FRECUENCIA DE CADA TAREA
4. IMPORTANCIA DE CADA TAREA
5. REPERCUSIONES DEL INCUMPLIMIENTO DE CADA TAREA

G) RESPONSABILIDADES DEL PUESTO

1. Nº TOTAL DE PERSONAS QUE DEPENDEN ORGANICAMENTE DEL PUESTO
2. NUMERO DE PERSONAS CON MANDO
3. NUMERO DE PERSONAS SIN MANDO
4. NUMERO DE PERSONAS QUE DEPENDEN FUNCIONALMENTE DEL PUESTO

5. NUMERO DE PERSONAS CON MANDO
6. NUMERO DE PERSONAS SIN MANDO
7. SOBRE BIENES

H) **CONOCIMIENTOS EXIGIDOS PARA DESEMPEÑAR EL PUESTO**

1. FORMACION REGLADA
2. EXIGENCIA DE CONOCIMIENTOS ESPECIFICOS
3. TIEMPO NECESARIO PARA DESEMPEÑAR ADECUADAMENTE EL PUESTO
4. EXPERIENCIA PREVIA

I) MEDIOS MATERIALES UTILIZADOS EN EL PUESTO DE TRABAJO

1. TIPO DE HERRAMIENTAS
2. FRECUENCIA DE UTILIZACION
3. FUNCIONES Y TAREAS PARA LAS QUE SE EMPLEAN
4. NIVEL DE ESPECIALIZACION PARA SU UTILIZACION

J) CONSECUENCIAS DEL MAL FUNCIONAMIENTO DEL PUESTO

1. REPERCUSION EN LA ORGANIZACIÓN
2. QUE OCURRE SI EL PUESTO NO SE CUBRE

K) CONDICIONES DE TRABAJO

1. CONDICIONES AMBIENTALES
2. CONDICIONES ERGONOMICAS
3. RELACIONES HUMANAS (INTERNAS Y EXTERNAS)
4. CONDICIONES ECONOMICAS
5. RIESGOS LABORALES

L- DECISIONES MAS REPRESENTATIVAS QUE TOMA EL OCUPANTE DEL PUESTO

3- CARACTERISTICAS DE LOS ENTREVISTADOS

Se trata de tres trabajadores con características distintas:

A de 54 años, una antigüedad en la empresa de 32 años y lleva en el puesto trece años.

B que tiene 40 años, una antigüedad en la empresa de dieciséis y medio y en el puesto lleva trece años y medio.

C de 47 años, una antigüedad en la empresa de 20 años y el puesto lo desempeña desde hace seis.

4- ACOTACIONES A LAS ENTREVISTAS REALIZADAS

Las entrevistas se han realizado según el guión que se detalla en el punto dos del presente anexo. Para entender algunas de las anotaciones de las mismas se han utilizado las siguientes calificaciones:

- Apartado E:

El nivel de autonomía se califica como A= alto; M= medio B= bajo.

La importancia para la organización se califica como MI= Muy Importante; I= Importante; PI= Poco importante.

- Apartado F:

La frecuencia de la tarea se califica como: MF= Muy frecuente; F= Frecuente; PF= Poco frecuente.

La importancia de la tarea se califica como: MI= Muy importante; I= Importante; PI= Poco importante.

Las repercusiones del incumplimiento de la tarea se califican como: A= alta; M= media; B= baja.

- Apartado I:

La frecuencia de utilización se califica como: MF= Muy frecuente; F= Frecuente; PF= Poco frecuente.

El nivel de especialización para su utilización se califica como: A= alto; M= medio; B= bajo.

- Apartado K:

Las distintas condiciones de trabajo se califican en: B= Buenas; M= Regulares (o aceptables con reparos); Ma= Malas.

En este aspecto las condiciones de trabajo referidas a los riesgos laborales se refieren al nivel de riesgos existentes. Siendo Buena un riesgo bajo y mala un riesgo alto.

En el apartado F la primera anotación que se realiza, entre paréntesis, junto a cada tarea son los minutos aproximados que, según el entrevistado, lleva el desempeño de la tarea por turno de trabajo.

5- CONTENIDO DE LAS ENTREVISTAS

A continuación se inserta el contenido literal de las tres entrevistas realizadas. Cada uno de los apartados del guión de entrevista se encuentra separado por una raya horizontal y al comienzo de cada apartado aparece la letra identificativa del mismo que se corresponde con dicho guión.

ENTREVISTAS PARA A.:

- ENTREVISTA 1:
A) Empresa: COMPLEJO HOSPITALARIO DE JAÉN.
   Área: Farmacia.
   Puesto: Celador de Citostáticos ó Campana
   Titular: A
   Antigüedad en el puesto: 1991
   Antigüedad en la empresa: 1972

B) Analista: Ana Redondo Crespo
   Fecha de entrevista: 20 de agosto 2010.

C) Puesto del que depende: Jefe de enfermería.
   Puestos que dependen de él: ninguno

D) Control de la vigilancia interior, realizar todo lo que le sea encomendado por el o los farmacéuticos de la unidad.

E) 1. Control de movimientos de pedidos:
          Nivel de autonomía: Alta
          Importancia para la organización: Muy importante.
    2. Coordinación de los departamentos.
          Nivel de autonomía: Medio
          Importancia para la organización: Muy importante.
    3. Oficina de Jefatura de Centro:
          Nivel de autonomía: Alta
          Importancia para la organización: Muy importante.

Tareas función 1:

   — Información personal: 10' - MF – I – A

   — Traslado de tratamientos:20' - MF – I – A

   — Frecuencia en el traslado tratamientos:15' MF- F – I – A

   — Nº exacto de pedidos: 10'- MF – I – A

   — Control visitas a las plantas:20' - PF – MI – A

Tareas función 2:

   — Archivo de órdenes: 10'- F –I – A

   — Archivo fichero : 5'- PF – I – A

   — Archivo documentación varia: 15'- PF – I – M

   — Cumplimentación de libros de altas y bajas, instancias etc.: 30'- F – I – A

   — Petición y entrega de material de : 10'- PF – I – B

G) -Dependen orgánicamente del puesto en cada turno de trabajo, unos 2 encargados (con mando).

En cuanto a los bienes, tiene responsabilidad sobre; cada uno de los tratamientos que transporta así como el recibo de ellos en su destino de la persona responsable en tal caso el supervisor de planta o supervisor de cada unidad.

H) Formación regladas: No se exige algo específico solo graduado escolar.

Conocimientos específicos: no

Tiempo necesario para desempeñar adecuadamente el puesto: 1 mes.

Experiencia previa: teniendo en cuenta la forma de provisión del puesto,   unos 10 años.

I) Herramientas:

+Carro para el transporte mecánico. PF

+Neveras especiales para su correcto transporte. F

+Guantes especiales para la manipulación. F

+Mascarilla especial así como maletín de emergencia para posibles derrames de citostáticos.PF

J) La falta de control haría inviable el funcionamiento normal del Centro.

Se produciría un colapso, sobre todo en el apartado burocrático.

K) Ambientales: Buenas

Ergonómicas: Buenas

Relaciones humanas: Buenas

Condiciones económicas: Buenas

Nivel de riesgos laborales: M

L) Controlar la comunicación de servicios.

Controlar la ejecución de las órdenes.

Organizar el funcionamiento de los servicios.

Vigilar la salud de trabajadores por posible riesgo por la manipulación de material altamente toxico.

Información adecuada y regular sobre el tema.

-ENTREVISTA 2:

A) Empresa: COMPLEJO HOSPITALARIO DE JAÉN
    Área: Farmacia
    Puesto: Celador de Sueros.
    Titular: B
    Antigüedad en el puesto: 13 años y medio
    Antigüedad en la empresa: 16 años y medio

B) Analista: Ana Redondo Crespo
    Fecha: 24 de Agosto de 2010.

C) Puesto del que depende: Jefe de Farmacia.
    Dependen del puesto: Encargados de departamento y Genéricos.

D) Controlar la actividad cotidiana de la del hospital de la distintas plantas y quirófanos, realizando el reparto de pedidos del día anterior así como los urgentes que puedan surgir en el transcurso de la jornada de trabajo. Custodia del material en los almacenes correspondiente es responsable de dicho almacén. Así como la información diaria y detallada de las salidas y entradas de productos a su inmediato superior.

E) 1. Control numérico de los productos lo que culmina con el recuento.
        Nivel autonomía: Alto
        Importancia para la organización: Muy importante

   2. Cumplir directrices del Jefe de Servicios y mandos:
        Nivel de autonomía: Bajo
        Importancia para la organización: Importante

   5.- Velar por la seguridad y buen orden del establecimiento:
        Nivel de autonomía: Bajo
        Importancia para la organización: Importante

F) Tareas función 1:

   − Recoger el control numérico verificando la suma total: 25´- PF – MI
     – A

— Emitir parte de recuento general y entrega al J. Servicios: 5´- PF – MI – A

— Controlar los movimientos de material lo que suponen incremento o disminución en la composición numérica. 60´- F – I – A

— Control de material ; horas y destino de dicho material controlando la hora de entrega: 20´- F – I – M

Tareas función 2:

— Comunicar incidencias recibidas. 45´- F- I – A

— Atender demandas de los distintos servicios teniendo en cuenta primeramente las urgencias: 20´ - MF – I – M

— Velar para que las actividades comiencen a su hora y subsanar los problemas que se planteen: 15´- MF – I – M

— Facilitar relevos de compañeros: 7- PF – I – M

Tareas función 3:

— Controlar y distribuir una vez cumplimentada la documentación aportada desde el área de almacén: 45´- MF – I – A

— Registrar y archivar las órdenes de dirección y demás documentación que incide en el desarrollo de la vida del centro: 25´- F – I – A

— Cumplimentar los libros propios de la oficina : 30´- F – I – M

Tareas función 4:

— Recoger todas las indicaciones y órdenes del superior inmediato que inciden en las tareas interiores: 10´- F- I – A

— Transmitir información que le sea encomendada a los distintos servicios.
 20´- F – I – A

Tareas función 5:

— Comunicar las deficiencias existentes: 5´- PF – I – A

— Control de llaves y responsabilidad de llaves : 5´- PF – I - A

— Supervisar el estado de material así como fechas de caducidad : 30´- F – I – M

45

G) – Orgánicamente dependen del puesto unas 1 persona o en algunas ocasiones 2.

- Funcionalmente dependen del puesto 1 persona

- La responsabilidad sobre bienes se extiende a: un almacén de cajas de sueros del que se abastece todo el complejo hospitalario, maternal, centro de diagnósticos, así como la responsabilidad sobre mecanismos de seguridad y material..

H) Formación reglada: Certificado de Escolaridad.
   Conocimientos específicos: NO
   Tiempo necesario para desempeñar el puesto adecuadamente: 1 mes.
   Experiencia previa: No se requiere una experiencia previa.

J) Si el puesto no se cubre, se paralizaría en gran medida la prestación normal de la actividad sanitaria en todos los órdenes.

K) Ambientales: mala (ausencia de luz solar, sin calefacción)
   Ergonómicas: malas (mesa y silla incómodas)
   Relaciones humanas: buenas
   Condiciones económicas: Buenas
   Riesgos laborales: Regulares

-ENTREVISTA 3
A) Empresa: COMPLEJO HOSPITALARIO DE JAÉN
   Área: FARMACIA
   Puesto: CELADOR ALMACEN DE FARMACIA
   Titular: C
   Antigüedad en el puesto: 1998
   Antigüedad en la empresa: 1984

B) Analista: Ana Redondo Crespo.
   Fecha: 26 de Agosto de 2010.

C) Puesto del que depende: Director de la unidad
   Puestos que dependen de él: ninguno

D) Es el encargado de organizar las tareas relacionadas con la función de vigilancia del almacén de la farmacia, recepcionando y distribuyendo todo el material dentro de la farmacia, igualmente se ocupa de la custodia y tramite de la documentación al personal administrativo.

Ordenación y control de salidas y entradas e información detallada a su superior sobre la falta de algún producto.

E)
1. Organización del trabajo en las tareas de vigilancia:
   Nivel de autonomía: bajo
   Importancia para la organización: Importante
2. Custodia y trámite de material.
   Nivel de autonomía: alto
   Importancia para la organización: medio
3. Ordenación y control de los fármacos.
   Nivel de autonomía: alto
   Importancia para la organización: importante

F) Tareas función 1:

— Organizar y recepcionan: 15´- F – I – M

— Transmitir información a sus superiores y administrativos: 25´- F- I – A

— Informar sobre la situación, recepción y localización de productos a farmacéuticos y aux. de farmacia 15´-F-I-M

— Cursar altas y bajas de fármacos: 20´- F – MI – A

Tareas función 2:

— Partes de recuento. Comprobación del recuento total y los parciales de fármacos, : 20´- PF – MI – A

— Notificaciones al jefe de farmacia. Recepción y tramitación , cuidando de su correcta distribución y archivo: 40´- F – MI – M

— Cumplimentar libros de registro de entrada : 40´- MF – MI – A

Tareas función 3:

— Custodia y ordenación del armario. 10´- PF – I – M

— Entrega y recepción de llaves. 10´-F-I-A

G) Dependen orgánicamente del puesto:
    Sin mando: 2 encargados

    Los bienes sobre los que responden son: Todo el material de medicamentos así como el ordenador

----

H) Formación regladas: Graduado Escolar
    Conocimientos específicos No son necesarios
    Tiempo necesario para desempeñar el puesto: entre 3 y 6 meses, en función de la experiencia previa.

J) Del mal funcionamiento del puesto, derivan consecuencias negativas para la organización con incidencia en la vida del hospital y sobre todo en el apartado burocrático.
  Si el puesto no se cubre habría que inventar otro similar, ya que es impensable para el buen funcionamiento del hospital.

K) Ambientales: medias (no hay luz solar)
    Ergonómicas: medias
    Relaciones humanas: buenas
    Condiciones económicas: buenas
     Riesgos laborales: medios – altos

FICHA PSICOGRAFICA

F A C T O R E S	0	1	2	3	4	5
INTELIGENCIA GENERAL						
FORMACIÓN						
EXPERIENCIA LABORAL						
CAPACIDAD DE INTEGRACIÓN						
IMAGEN PERSONAL						
CONTROL EMOCIONAL						
EMPATIA						
CAPACIDAD DE ANÁLISIS						
CAPACIDAD DE SÍNTESIS						
ORGANIZACIÓN DEL TRABAJO						
ECUANIMIDAD Y PONDERACION						
LIDERAZGO						
CAPACIDAD DE COMUNICACIÓN						
DISCRECIÓN						
ESPÍRITU DE EQUIPO						
CAPACIDAD DE TRATO						

Perfil teórico ⎯⎯⎯⎯⎯⎯
Perfil A ⎯⎯⎯⎯⎯⎯
Perfil B ⎯⎯⎯⎯⎯⎯
Perfil C ⎯⎯⎯⎯⎯⎯

A N E X O 2

O B S E R V A C I O N

R E A L I Z A D A

1- DATOS SOBRE LA FORMA DE UTILIZACION DE LA TECNICA

Días de recogida de datos:
20 y 22 de Agosto de 2010
24 y 25 de Agosto de 2010
26 y 27 de Agosto de 2010.

Horario de recogida de datos
Toda la toma de datos ha sido en horario de mañana de 8h. a 15h. pues básicamente el grueso de trabajo en farmacia es desarrollado por la mañana; aunque por la tarde también permanece abierta siendo la actividad en estas horas más tranquila, si bien si hay trabajo para los auxiliares aunque no para el celador, en el caso de que surja alguna urgencia sobre la necesidad de medicamentos para alguna unidad será atendida por el celador de dicha unidad o el que se encuentre en turno de servicios generales del hospital.

2- TRANSCRIPCION DE LAS NOTAS TOMADAS DURANTE LA OBSERVACION REALIZADA.

Días 20 y 22 de agosto de 2010

➢ La primera tarea es recibir del Jefe, las novedades sobre el servicio.
➢ Encendido de luces y apertura de farmacia
➢ Distribución de las devoluciones de las plantas y servicios del hospital, comprobando perfecto estado y fechas de caducidad.
➢ Llevar los medicamentos caducados a los contenedores para uso de reciclaje del hospital.
➢ Inmediatamente después, y en todos los casos, el celador comienza a recepcionar los pedidos.
➢ Deberá de comprobar que dichos pedidos corresponden al hospital de destino y no a otro de la provincia.
➢ Nº de paquetes comprobar que se corresponde con lo pedido y el albarán de recibo.
➢ Comprobación minuciosamente el buen estado de paquetes, que no se encuentren deteriorados, rotos, estropeados etc. que los productos estén en perfecto estado.
➢ Los medicamentos que tengan que venir a una temperatura determinada, comprobar que no hayan roto la cadena de frio, en caso contrario habrá que comunicárselo al farmacéutico responsable.

- Firma de albaranes
- Archivo de albaranes
- Anotar minuciosamente la fecha y hora de recibo de pedido, por si hiciera falta algún tipo de comprobación en días posteriores a su recepción.
- Pasar el listado de albaranes a los administrativos para su informatización.
- Cuando el recuento de productos ha terminado se procederá a colocarlos sobre un carrito para su posterior distribución en las estanterías siempre teniendo en cuenta el orden de entrada, y comprobando fechas de caducidad.

 Se guarda una copia de los albaranes para archivar, que posteriormente se les pasa a los administrativos para informatizar la recepción.
- Firma y se hace responsable de su recepción.
- Decide por el mismo a veces, y otras, previa consulta al Jefe de farmacia, sobre la reubicación de algunos medicamentos.
- Toma la carpeta de Asuntos Pendientes y repasa en ella las actividades previstas para el servicio.
- Comprueba que en las actividades a desarrollar, no se haya quedado atrás nada pendiente.
- Si el listado del nº de pedidos se le termina procederá a solicitar nuevos nº a los administrativos.
- Da por terminada su función con la comprobación, paso de listado al jefe superior y orden del almacén.
- Cuando se presenta algún imprevisto procede a cubrir la contingencia que se presenta llevando a cabo, cuanto es necesario.
- Clasifica todo lo recibido.
- Trasmite la información al jefe de farmacia, cualquier tipo de anomalía.
- Comunica mensajes que vengan del exterior de la farmacia al jefe.
- Sirve de enlace con el resto del hospital, pues este es un medio cerrado.

Día 24 y 25 de agosto de 2010

- Recibe información de su superior y puesta al día de todas las ordenes a realizar durante esa jornada.

- Imprescindible el uso de guante especial, así como tener a mano el kit de primeros auxilios sobre derrame de citostáticos.
- Comprobara en todo momento, el perfecto estado de tratamientos por si hubiese alguna fuga, lo cual sería grave y actuaria rápidamente utilizando el kit de emergencia y posteriormente comunicándolo a sus inmediato superior, así como a salud laboral.
- A primera hora indispensable la distribución de tratamientos, tanto los que se ponen en hospital de día como los que van a las plantas del hospital.
- Para este reparto se dispondrá de neveras frigoríficas para resguardarlos y mantenerlos a su temperatura adecuada ya sea frio o temperatura ambiente, Posteriormente se procederá al traslado continuo de muestras al laboratorio
- Hay que estar pendiente tanto en campana como en el servicio de hospital de día de los tratamientos y de lo que vayan demandando las enfermeras así como farmacéuticos,(son muchas y muy numerosas las funciones que se pueden realizar durante la mañana.
- Trasmite información al farmacéutico, sobre todos los posibles cambios que pueda existir.
- Lleva los tratamientos que prescribe el médico para su posterior formalización y composición.
- Cuando dichos tratamientos están preparados se ocupa de su transporte al servicio correspondiente, plantas u hospital de día.
- Comunica las bajas en tratamientos, así como las nuevas altas que provengan de otros departamentos, a la unidad de quimio.
- Sirve de enlace con el resto del hospital por ser la farmacia un medio cerrado.

Día 26 y 27 de agosto de 2010

- La primera tarea a realizar es recibir información detallada sobre todos los pedidos del día, así como los que se realizaron la tarde anterior.
- Apertura del almacén y encendido de luces.
- Primero se atenderán todos los pedidos que vengan de quirófanos y de urgencias, posteriormente lo demás.
- Se procederá al reparto del material.
- También procederá a la colocación y orden de los pequeños almacenes que hay por las distintas plantas solo lo que se refiere al material que se reparte en este caso los sueros.
- Buscara a la o el supervisor de la planta o unidad para la entrega de hoja de pedido para su firma y conformidad entregando una copia quedándose con el original.
- Procederá al archivo de hojas de pedido.

- Al terminar la jornada procederá a la entrega de dichas hojas a los administrativos para su control de salida de almacén.
- Dara cuenta al jefe superior de farmacia de las posibles faltas de material revisándolo continuamente.
- Atenderá la entrada de pedidos de sueros.
- Comprobando que corresponden los albaranes a dicho hospital.
- Revisara el buen estado de los productos, que no se encuentren deteriorados o caducados.
- Firmara y fechara para el control de entradas.
- Los albaranes una vez recibida la mercancía y comprobada los archivara y trasladara a los administrativos para su control informático.
- Informara al farmacéutico/a de todas las incidencias registradas en el día, así como todo lo que para él o ella tenga.
- Ordenara y revisara el estado de todo el almacén.
- Ordenara los pedidos para el día siguiente.
- Procederá a su cierre y entrega de llaves al encargado de farmacia

3- RESUMEN GLOBAL DE LA OBSERVACION REALIZADA

La primera impresión que se saca es que el nombre del puesto responde bastante fielmente a la realidad que acoge. Se trata de un puesto que parece absolutamente fundamental para el funcionamiento adecuado del Centro. En él confluyen múltiples peticiones de información de todo tipo y es, al mismo tiempo, el lugar desde el que parten un sinfín de funciones que determinan, en múltiples ocasiones, las acciones a realizar por todos los trabajadores. Como señala uno de los entrevistados, si este puesto no existiese habría que inventarlo.

De la observación realizada se evidencia que, sobre todo en el turno de mañana, es el de máxima carga laboral tanto que llega a desencadena situaciones de verdadero estrés y gran responsabilidad Hay intervalos en los que la acumulación de tareas es constante el goteo continuo de trabajo es la nota predominante llegando a ser difícil o más bien imposible de realizarlo todo a la vez teniendo que posponer lo menos importante aunque todo lo es, para después pues todo en este centro es de carácter totalmente urgente.

Por último hay que destacar que el volumen de trabajo difiere de forma significativa del horario de mañana al de tarde siendo este último, normalmente, de menor exigencia en cuanto a carga de trabajo.

Autoras:

Ana redondo crespo

María de los Ángeles tejado alamillo

Blanca Rodríguez Ortuño

ISBN 978-1-4716-2028-7